Aud Tauber

Eine Reise ins Licht

Eine schamanische Reise
&
Gedichte

Verlag 3.0

So manche Frage des Verstehens wird Euch vielleicht offenbleiben. Doch ich werde Euch die Antwort nicht geben! Denn darauf würdet Ihr sagen: „Ja, so könnte es sein ...“ Wenn Ihr euch durch Erleben ja doch die Antwort selber erarbeitet, werdet Ihr sagen: „Ja, so ist es...!“ Und erst dann werdet Ihr wirklich wissend darüber sein.

Ich widme dieses Buch den Menschen,
welche mich inspiriert und bestärkt haben
ob der Richtigkeit meines Empfindens.

Inhaltsverzeichnis

Gedichte

Vorwort

Ich begann meine Reise vor langer Zeit. An Ort und Zeitpunkt kann ich mich nicht mehr erinnern und trotzdem meine ich, fühlen zu können, wie alles begann. Nun endlich scheint sich der Kreis zu schließen. Hände reichen sich die Hand, Gefühle sind verbunden, ohne dass Worte gesprochen wurden. Denn Gefühle werden wahrer sein als das, was war. Ich habe Freunde gefunden, welche immer da waren. Sie haben sich verbunden zu einem Kreis, der stetig wächst, mit Menschen, welche ich nicht kenne. Sie werden mir umso bekannter sein, wenn ich jenseits von Raum und Zeit mich verbinde, mit etwas, was wahrer ist als alles andere.

Aud Tauber, im August 2013

Aufbruch

„Karma ist alles!“, sagte Indigor und verließ das Zimmer über den hinteren Korridor. Er hatte in der letzten Stunde so viel gehört, dass er ein Buch damit hätte füllen können. Als er das Haus verlassen hatte, war sein Rucksack gepackt für eine lange Reise, deren Ziel er nicht kannte. Er ging, ohne sich noch einmal umzudrehen. Indigor hatte das Gefühl mit jedem Schritt, den er tat, ein Stück leichter zu werden. Er war auf dem richtigen Weg.

Die Straßen lagen im Dunkeln. Nur wenige Laternen ließen erahnen, wohin man seinen Fuß setzte. Ihm war es recht, so konnte er seinen Gedanken freien Lauf lassen. Nach einer Ewigkeit, die er selbst kaum wahrnahm, fiel sein Blick auf das Haus. Es lag auf einem Hügel, weitab der Straße. Es sah dunkel und verlassen auf ihn herab und zog ihn magisch an. Hier wollte er seine Reise beginnen. Ein schlammiger Weg führte die Anhöhe hinauf, und er musste immer wieder aufpassen, nicht auszurutschen. Regennasse Zweige schlugen ihm ins Gesicht, und er wäre des Öfteren mehr als willig gewesen, wieder umzukehren. Wären da nicht die nagenden Fragen gewesen, worauf er nur Antwort bekommen würde, wenn er seine Reise fortsetzte. Antarros hatte gesagt: „Nur eine Reise in deine innersten und tiefsten Gefühle kann dir die Antwort geben."

Endlich hatte er das Haus erreicht. Aus seinen Fensterhöhlen schaute es ihn an, als wollte es ihn fragen: „Bist du sicher, dass du zu mir willst?" Er blieb einen Moment stehen und lauschte in die dunkle Nacht. Aber nur der Regen war zu hören, der beruhigend vor sich hinprasselte. Indigor rüttelte an der Tür. Sie schien ihm verschlossen. Aber als er seinen Druck verstärkte, sprang sie mit einem knarrenden Geräusch doch auf. Er zuckte zusammen und lauschte erneut in die Nacht.... Als wieder nur der Regen zu hören war, betrat er beherzt das Haus. Er schaltete seine Taschenlampe an und konnte gerade noch einer Spinnenwebe ausweichen. Rechterhand befand sich ein Raum, der wohl einmal die Küche gewesen war. Jedenfalls gab es noch ein Spülbecken mit einem halb verrosteten Wasserhahn. Er drehte ihn auf, und heraus kam bräunliches, sandiges Wasser. Aber nachdem er es eine Weile hatte laufen lassen, wurde es allmählich klarer. Da bemerkte Indigor plötzlich, wie durstig er war und begann zu trinken. Das Wasser schmeckte klar und rein und kühlte seine heiße Kehle. Als sein Durst gestillt war, ging er in den ge-

genüberliegenden Raum. Vor den Fenstern hingen alte, halb zerrissene Gardinen. In einer Ecke des Zimmers stand eine vertrocknete Pflanze, und an einer Wand lag eine alte Matratze. Indigor nickte zufrieden, mehr brauchte er nicht. Er hatte Wasser und einen Platz zum Schlafen. Er setzte sich auf die Matratze. Sie roch nach Mottenkugeln und Staub, nach vergangener, gelebter Zeit … .

Er stellte seinen Rucksack neben sich und holte ein Tuch heraus, das er auf den Boden vor sich ausbreitete. Dann entnahm er dem Rucksack eine Tüte mit wohlriechenden Kräutern, welche er von Antarros bekommen hatte. Er schüttete ein paar davon in eine kupferne Schüssel, die er ebenfalls aus dem Rucksack holte. Er stellte die Schüssel in die Mitte des Tuches und hielt ein Weilchen inne … .

Er betrachtete das Szenario, dann griff er erneut in den Rucksack und zog einen Block und einen Stift heraus, welche er ebenfalls neben die Schale auf das Tuch legte. Viel mehr würde er für die nächsten Tage nicht brauchen – oder doch; er griff noch ein letztes Mal in den Rucksack und holte ein Schächtelchen heraus. Er öffnete es. In ihm befanden sich Mandeln, genau sechs an der Zahl. Antarros hatte ihm gesagt, er solle jeden Tag eine davon essen. Nicht mehr und nicht weniger! Heute würde er noch darauf verzichten müssen, es war ja schon fast Nacht, und die erste war erst für morgen vorgesehen. Er freute sich jetzt schon auf den

Geschmack, der sich süß auf seiner Zunge ausbreiten würde. Er wickelte seine Jacke fest um seinen Körper und rollte sich auf der Matratze zusammen. Eine Weile schaute er im mageren Schein seiner Taschenlampe im Zimmer umher. Dann löschte er seine Lampe und schloss die Augen. Er war sofort eingeschlafen.

Indigor öffnete die Augen, das Sonnenlicht drang durchs Fenster und ließ die silbrigen Staubkörner einen lustigen Tanz um die Spinnweben vollführen. Er stand auf, ging in die Küche und trank einen Schluck Wasser. Danach ging er zurück auf die Matratze. Der Himmel hatte sich wieder verdunkelt, dicke Regenwolken trieben schnell näher. Bald schon würde der Regen wieder herniedergehen, auf das Haus, das er gewählt hatte, damit es ihm Schutz und Ruhe bot für seine lange Reise in sich selbst. Er schaltete seine Taschenlampe nicht an, obwohl nur noch ein Dämmerlicht das Zimmer erhellte. Indigor griff nach Block und Stift – dann legte er beides wieder zur Seite, denn er wusste noch nicht, was er schreiben sollte. Er dachte bei sich, dass noch nichts passiert sei, was sich aufzuschreiben lohnte. Er starrte die Zimmerdecke an, die nur mehr Schatten war und sich aufzulösen schien in unendlichen Höhen, dunkle Höhen, denen man nicht ansehen konnte, was sich in ihnen verbarg .... Er ließ seine Gedanken treiben und wusste nicht so recht, wohin er sie lenken sollte.

Würde es ihm gelingen, den Weg zu gehen, zu dem Antarros ihm geraten hatte? Er stand ungeduldig auf, ging zum Wasserhahn und nahm noch einen Schluck Wasser. Wieder im Zimmer, ließ er sich auf die Matratze sinken, nahm eine der Mandeln und legte sich mit hinter dem Kopf verschränkten Armen auf der Matratze nieder. Er schloss die Augen, dann begann er ganz langsam und genüsslich die Mandel zu zerkauen.

Die Angst

Indigor öffnete die Augen. Die Luft war klamm und ihm war, als wenn die Angst ihm in alle Gliedmaßen führe. Kalt kroch sie ihm den Rücken hinauf, ließ ihm die Haare zu Berge stehen und seine Hände schweißnass werden. Er sah sich erschauernd im Zimmer um. Es war dunkel. Der Regen peitschte gegen die Scheiben, und er wusste nicht, was ihm vor Angst das Blut in den Adern gefrieren ließ. Doch dann sah er sie! Eine kleine Gestalt, sie hockte in einer Ecke des Zimmers und starrte ihn an ohne ein Wort zu sagen. Sie saß da, zitternd und lauernd. Er wusste nicht, was er tun sollte. Die Angst wollte ihm nicht aus den Gliedern weichen. Was hatte es mit dieser Gestalt auf sich?

Er sah nur verschwommen, was nicht nur an der Dunkelheit liegen konnte. Dann begann dieses zitternde Häuflein Elend zu sprechen. Es war kaum mehr als ein Zischen und Wimmern. Erst allmählich konnte Indigor verstehen, was sie sagte. „So ist es immer erst, wenn ich zu den Menschen komme. Sie beginnen zu zittern und wollen sich verkriechen." Die Gestalt schien zu wachsen und ihre Stimme gewann an Lautstärke. „Doch meistens gewinne ich. Dann darf ich bleiben, und allmählich werden die Menschen vernünftig und sie fangen an, auf mich zu hören. Denn du musst wissen, ich bin die Angst!" Indigor fröstelte nun noch mehr. Er verkroch sich in die hinterste Ecke seiner Matratze und hätte sich am liebsten seine Jacke über das Gesicht gezogen. Aber irgendetwas sagte ihm: Hör genau hin, sieh genau zu, denn nur so und nur dann hast du eine Chance.

Die Angst begann wider zu sprechen. „Glaub mir, wenn du erst mal Vernunft angenommen hast und tust, was ich dir sage, dann wirst du Macht erlangen. Du kannst jeden und alles kontrollieren! Niemand wird es wagen, dir zu widersprechen, denn ich bin das mächtigste Gefühl. Aus mir entspringen Hass, Neid und Wut. Alles Dinge, die dir behilflich sind auf deinem Weg zur Macht. Vertrau mir, und du wirst es nicht bereuen." Er spürte einen starken Drang der Angst Folge zu leisten. Würde er doch von ihr beschützt werden. Sie würde ihm Sicherheit geben und alles, was er brauchte, um ein mächtiger Mann zu werden. Was wollte er mehr? War das nicht das Ziel seiner Reise? Es wurde immer dunkler und die Gestalt begann zu schrumpfen. Jedoch bevor sie schließlich ganz verschwand, wisperte sie noch: „Überleg nicht zu lange. Ich komme wieder, aber ich werde nicht ewig auf deine Antwort warten. Denn es gibt genug da draußen, welche mir jederzeit folgen würden."

Ihn fröstelte immer noch. Nur langsam wich die Angst aus seinen Gliedern. Er fragte sich, ob er langsam den Verstand verlöre, aber dann sagte er sich, dass dies wohl nicht so schnell gehen werde. Er dachte, es sei wohl nur ein Traum gewesen. Und dass er wie Espenlaub zitterte, lag wohl nur an der Kälte. Er stand auf und nachdem er erneut etwas getrunken hatte, begann er, im Zimmer auf und ab zu laufen. Er hoffte, so die Kälte vertreiben zu können. Nach einer Ewigkeit wurde ihm langsam wieder wärmer und er kehrte gedanklich zu seinem seltsamen Traum zurück. Was wollte er ihm nur sagen und warum gerade ihm, wenn es doch angeblich da draußen so viele andere gab, welche sie haben konnte?! Er merkte, dass sein Magen anfing zu knurren. Der Hunger übermannte ihn und er hätte Berge verschlingen können. Aber es gab nichts außer dieser einen Mandel. Auch hatte ihm Antarros gesagt, wenn er seinem Verlangen nachgeben würde, wäre alles umsonst. Indigor wusste, dass das Gefühl des Hungers nachlassen würde, sobald sich sein Körper daran gewöhnt hatte. Um sich abzulenken, ging er durchs Haus, auf der Suche nach einem Gefäß. Er fand eine alte Blechdose, füllte sie mit Wasser und gab der vertrockneten Pflanze etwas Wasser. „Mehr bekommst du nicht", sagte er. „Ich muss auch mit wenig auskommen, außerdem muss man langsam mit der Nahrungsaufnahme anfangen, wenn man so lange nichts bekommen hat." Jetzt beginne ich schon mit vertrockneten Pflanzen zu sprechen, dachte er bei sich. Er strich ihr liebevoll über den braunen Stängel und brach ihn ganz unten, über der Erde, ab. „Tut mir leid, aber das musste sein", flüsterte er sanft. Er stellte die Blechdose neben die Pflanze. Er fühlte sich leer und müde, obwohl er gerade erst aufgestanden war. Draußen regnete es immer noch, und graues Licht durchzog das Zimmer. Indigor setzte sich auf die Matratze. Er nahm Block und Stift zur Hand und begann seinen „Traum" aufzuschreiben. Nach einer Weile knipste er seine Taschenlampe an, um besser sehen zu können. Als er fertig war mit schreiben, nahm er die zweite Mandel und legte sich auf die Matratze. Nachdem er die Mandel gegessen hatte, fiel er in einen unruhigen Schlaf.

Der Rückblick

Indigor sah sich und seinen Freund Pavlet im Alter von neun Jahren. Sie saßen auf einem Kirschbaum, welcher voll mit roten Kirschen hing.

Sie saßen da, mit der einen Hand hielten sie sich fest, mit der anderen aßen sie von den saftigen Kirschen. Sie waren so vertieft, dass sie nicht bemerkten, wie sich der Bauer, welchem der Baum gehörte, ihnen näherte. Erst als er den Baum schon fast erreicht hatte, sahen sie ihn. Indigor sprang vom Baum und rannte los, sein Freund Pavlet aber hing mit der Hose fest. Er konnte nicht vom Baum hinunter. Doch obwohl Indigor es bemerkte, rannte er weiter, aus Angst vor dem Bauern. Nun spürte er wieder die Angst und hörte ihre Stimme: „Nun sieh, ich habe dich gerettet. Glaubst du mir nun, dass ich dich weit bringen kann?"

Doch Indigor blieb ganz plötzlich stehen. Er sah sich um, sah seinen Freund, wie er im Begriff war, sich kopfüber vom Baum zu stürzen.

Und plötzlich hatte er das Gefühl, als hinge er selbst auf diesem Baum fest. Er war nicht mehr er selbst sondern Pavlet und er spürte dessen unsägliche Angst. Er sah wie er selbst, Indigor, davonlief und er hatte das Gefühl, von allen allein gelassen zu sein. Er fühlte eine große Enttäuschung und wollte nur weg. Er sah den Bauern, der grollend auf ihn zukam. Er wollte springen, aber er konnte nicht loskommen. In seiner Verzweiflung stürzte er sich kopfüber vom Baum.

Indigor spürte plötzlich eine große Wärme für seinen Freund in sich aufsteigen. Er wollte nicht, dass sein Freund stürzte. Doch noch hielt ihn etwas zurück.

Er war nicht er selbst, sondern der Bauer. Er sah, wie zwei Jungen auf seinem Baum saßen. Auf dem Baum, welchen er von klein auf gehegt und gepflegt hatte, bis er schließlich so groß war, dass er diese Kirschenpracht hervorbrachte.

Und plötzlich war er ein kleiner Junge. Etwa in dem Alter, als Indigor mit seinem Freund auf dem Kirschbaum gesessen hatte. Er hielt einen Kirschkern in seiner Hand und betrachtete ihn. Er hatte immer noch den süßen Geschmack der kostbaren Kirsche im Mund. Seine Mutter hatte gesagt, dass sie kein Geld für Kirschen hätten. Aber die Marktfrau hatte sich seiner erbarmt und ihm eine geschenkt.

Nun hatte er eine wundervolle Idee, er wollte den Kern vergraben, so dass er und seine Familie von nun an eigene Kirschen haben würden.

Er ging hinter das Haus und über das angrenzende Feld, das einem griesgrämigen alten Bauern gehörte. Dahinter befand sich ein Stück Wiese, in deren Mitte er seinen Kern vergrub. Nun ging er jeden Tag zu der Wiese um zu sehen, ob man schon etwas sehen könne. Als endlich ein kleines Pflänzchen zu sehen war, hegte und pflegte er es. Endlich war auch ein Baum daraus geworden, aber immer noch waren keine Kirschen daran. Seine Geduld wurde mächtig auf die Probe gestellt, doch endlich konnte er seine ersten Kirschen ernten. Er erinnerte sich daran, was es für ein Gefühl gewesen war, als er das erste Mal mit seinen Kirschen auf dem Markt gestanden und sie verkauft hatte. Und wie stolz er seiner Mutter sein erstes, selbst verdientes Geld mit nach Hause brachte. Als er älter war, hatte er dem griesgrämigen Bauern sein Land abgekauft und war selbst Bauer geworden. Sein Kirschbaum war sein ganzer Stolz. Jedes Jahr trug er die schönsten, größten und rötesten Kirschen in der ganzen Umgebung.

Und nun saßen da zwei freche Jungen auf seinem Baum und aßen seine Kirschen, ohne ihn zu fragen. Dabei hätte er ihnen gerne eine Handvoll geschenkt. Er wusste ja wie es war, kein Geld zu haben, um sich selber welche zu kaufen. Er war so verärgert, dass er nicht mehr denken konnte, und so rannte er auf den Baum zu. Er wollte nur noch, dass diese beiden von seinem Baum und seinem Grund und Boden verschwinden sollten.

Als er nun näher kam, sah er, wie einer der beiden davonrannte, während der andere noch im Baum hing. Er dachte bei sich, gut, dann muss dieser eben für beide herhalten. Als er bei dem Baum ankam, stürzte der Junge kopfüber hinab.

Indigor, als der Bauer, der er nun war, kniete nieder und ihn überkam ein niegekanntes Gefühl. Es war ein Gefühl von Angst, Neid und Hass. Und über all dem empfand er das größte Gefühl von allen, eine Liebe, die diese ganzen Gefühle einschloss in ein einziges, befreiendes Gefühl der unendlichen Liebe, die in dem Moment vergibt, in welchem die anderen Gefühle im Begriff sind zu verletzen. Dieses Gefühl gab ihm die Möglichkeit, alles zu verzeihen, was um ihn herum geschah und noch geschehen würde.

Indigor selbst nahm all seinen Mut zusammen und rannte zurück. Er lief dem Bauern entgegen und rief: „Wir wissen, dass wir Unrecht getan haben. Es tut uns leid! Können wir das irgendwie wiedergutmachen?“

Der Bauer sprach: „Da du so viel Mut und Einsicht besitzt, werde ich es euch wiedergutmachen lassen. Ihr helft mir bei der Ernte, und ich werde die Sache vergessen.“ Indigor und sein Freund Pavlet waren erleichtert. Und nachdem sie dem Bauern beim Pflücken geholfen hatten, schenkte dieser ihnen sogar noch einen Korb voller Kirschen. Er sprach: „Wer arbeitet, verdient auch seinen Lohn.“

Indigor spürte in sich ein Gefühl von Zufriedenheit und Wärme. Er merkte, wenn er sich der Angst stellte, geschah etwas Wundervolles. Sie entpuppte sich als eine Chance innerlich zu wachsen; auch bekam er etwas wieder, ohne es erwartet zu haben. Nicht nur von dem Bauern, sondern vor allem von seinem Freund Pavlet, der ihm nun sein volles Vertrauen entgegenbrachte, was wiederum sein eigenes Vertrauen stärkte.

Indigor erwachte. Er lag wieder auf der Matratze. Es war Nacht. Es regnete nicht mehr, und eine wohltuende Ruhe erfüllte den Raum und die Welt um ihn herum. Er lag lange da und genoss diese Ruhe. Er lauschte in die Stille und hörte ihr zu. Sie machte seinen Kopf frei – frei von dem eben Erlebten und frei von dem Gedankenkarussell, das ihn die letzten Tage nicht hatte zur Ruhe kommen lassen.

Nach einer langen Zeit stand er auf, trank etwas und gab auch der Pflanze etwas Wasser. Sie würde sich wohl nicht mehr erholen, wie es ihm schien, aber das war nicht sein Entscheid, und so konnte er ihr genauso gut auch weiterhin etwas Wasser gönnen.

Er ging ans Fenster und sah in die Nacht hinaus. Der Mond stand voll und silbrig am Himmel. Eine große Sternenpracht umgab ihn und Indigor dachte, wie schade es doch sei, dass man irgendwann der Magie der Sterne beraubt wurde, indem man gesagt bekam, diese seien doch bloß alte Planeten. Wie schön war es doch in frühen Kindertagen, als man noch glauben konnte, dass Sterne Häuser der Engel seien und verstorbene Seelen beherbergten. Als seine Mutter starb, war er noch klein gewesen und er konnte sich vorstellen, sie säße in so einem Sternenhaus und sähe auf ihn herab. Indigor wandte sich vom Fenster ab und ließ sich nach einigem Zögern wieder auf der Matratze nieder. Er griff nach Block und Stift und schrieb seine Erlebnisse und Gedanken dazu auf. Als er damit fertig war, ging er abermals zum Wasserhahn, nahm erneut einen Schluck, kehrte zur Matratze zurück, nahm die dritte Mandel und aß sie auf. Er legte sich hin, konnte aber lange nicht in den Schlaf finden. Wieder tauchte seine alte Gefährtin, die Angst, auf. Wieder versuchte sie ihn zu überreden. Aber sie wurde schnell schwächer und verschwand schließlich. Ihn fröstelte ein wenig, aber er konnte sich schnell davon befreien. Müde und wie erlöst schlief er ein.

Jenseits der Schwelle

Indigor fühlte sich frei, so frei wie er sich schon lange nicht mehr gefühlt hatte. Es gab keine Grenzen um ihn herum, nicht mal einen Körper, der ihn einengte, schien es zu geben. Er konnte sich ausbreiten und ausdehnen, wohin er wollte. Um ihn herum gab es nur Unendlichkeit und er schien ein Teil davon zu sein. Überall war Wärme und eine große und unendliche Liebe, wie er es zuvor noch nie gespürt hatte. Oder doch, aber dies war in einer anderen Welt. Es war dort, wo alles herkommt und wohin alles geht.

Er hörte Musik, die so wunderschön war, aber sie schien sich nicht in Melodien ordnen zu lassen. Sie hatte eine so unendliche Vielfalt an Variationen. Man hätte sie nicht in Noten zu Papier bringen können. Er selbst trug seine Umgebung und sich selbst mit. Alles war eins: Wärme, Melodie und unendliche Liebe.

Dann fühlte er sich plötzlich dieser Harmonie entrissen und eingeengt in einem kleinen Körper, umgeben von Wasser. Er fühlte sich hilflos und zugleich geborgen. Dieser Körper schien unaufhörlich irgendwelche Bedürfnisse zu haben, und er selbst versuchte ständig Raum in diesem Körper zu erlangen, aber nur sehr langsam schien ihm das gelingen zu wollen. Dann, nach einiger Zeit, begann es um ihn herum zu beben und es wurde immer ungemütlicher. Sein eh schon kleiner Körper wurde durch einen engen Tunnel gepresst, und zum ersten Mal hatte er dieses unsägliche Gefühl, was ihn noch so oft in seinem gerade erst begonnenen Leben begegnen sollte; er hatte Angst. Es wurde kalt, und ein grelles Licht ließ ihn die Augen zusammenkneifen. Er hörte ein lautes, markerschütterndes Geräusch. Bis er begriff, dass er selbst es war, der dieses Geräusch erzeugte – er schrie. Er schrie seine Verzweiflung und Angst heraus, über all das, was ihm hier widerfuhr. Er erinnerte sich plötzlich, dass das, was ihn hierher gebracht hatte auf die Erde, ein Ungleichgewicht war, welches in regelmäßigen Abständen diese unendliche Welt erschütterte – und so mussten immer wieder Teile dieser Welt sich in Körper zwängen, um eine Erkenntnis in dieser Welt aufrechtzuerhalten, damit das Gleichgewicht wiederhergestellt würde. Nur angepasst an die Begrenzung können wir lernen, die Unbegrenztheit weiterhin zu schätzen.

Indigor erwachte. Er spürte deutlich die Grenzen seines Körpers, aber er empfand sie nicht als solche, sondern als hilfreichen Schutz, um sich in seiner begrenzten Welt innerlich frei fühlen zu können.

Es war früh am Morgen, die Sonne ging gerade eben über dem Horizont auf und die Vögel sangen ihren Morgengruß. Als Indigor der Pflanze Wasser gab, sah er, wie sich ein kleiner Trieb seinen Weg durch das dunkle Erdreich ans Licht bahnte. Er kniete nieder und sprach: „Wenn selbst hier noch Leben ist, wo doch alles schon vergebens schien, dann ist auch für uns immer noch Hoffnung."

Er fühlte sich so voller Tatendrang, dass er vor das Haus trat und begann, den Garten vom Unkraut zu befreien. Ihm wurde plötzlich klar, dass er, wie auch Antarros gesagt hatte, überhaupt keinen Hunger verspürte. Er fühlte sich einfach nur wohl. Die Sonne durchwärmte ihn, und es tat gut zu sehen, wie er vorankam und allmählich die Pracht des alten Gartens zum Vorschein brachte. Er entdeckte ein Kräuterbeet und darunter solche, die er nicht kannte. Er zerrieb sie zwischen den Fingern und genoss ihren eigenartigen, unbekannten und doch so vertrauten Geruch. Erst als es Abend wurde und die Sonne sich glutrot hinter dem Horizont verabschiedete, ging er wieder ins Haus. Er wusch sich den Schweiß vom Körper und trank, bis auch der letzte Durst gestillt war. Nachdem er die Pflanze versorgt hatte, aß er die vierte Mandel und legte sich ermattet von der Arbeit, doch sehr zufrieden, schlafen.

Der Tod seiner Mutter

Indigor stand am Grab seiner Mutter. Er war vier Jahre alt und seine Mutter war vor einigen Tagen verstorben.

Nun sah er hinunter in das große, tiefe Loch, in welches sie den Sarg hinunterließen. Er war dunkelbraun und hatte schwarze Eisenbeschläge.

Der Pfarrer begann zu sprechen, doch Indigor verstand nicht, wovon dieser sprach. Er wollte nur noch weg von hier. Weg von diesem Loch, weg von diesen vielen Menschen und weg von seiner Angst und seiner Trauer. Er war müde und hungrig, obwohl er wahrscheinlich keinen Bissen hinunterbekommen würde.

Heute Morgen schon, als er am Küchentisch saß, konnte er das Brot nicht anrühren. Denn er musste immer wieder zu dem nun leeren Platz seiner Mutter schauen.

Er hatte die ganze Nacht wach gelegen, aber er konnte nicht weinen. Er fühlte sich hilflos und leer.

Wie er so dagestanden hatte, legte ihm jemand die Hand auf die Schulter. Es war Antarros. Er sagte: „Ab jetzt werden wir ein Stück des Weges gemeinsam gehen, und ich werde für dich sorgen."

Indigor war froh gewesen, von dort wegzukommen, und war Antarros gefolgt. Antarros hatte ihn mit zu sich genommen. Er hatte ihm eine warme Brühe zu trinken gegeben und ihn in ein großes, weiches Bett gelegt. Indigor war sofort eingeschlafen. Ab der Zeit lebte er bei Antarros, der ihm wie ein Vater war. Nun stand er wieder an dem Grab seiner Mutter. Er spürte die Vergänglichkeit des Seins hier auf Erden und gleichzeitig spürte er wieder das wahre Sein, so wie er es schon einmal in dem vorhergehenden Traum empfunden hatte. Er spürte wieder diese unendliche Wärme, hörte diese Musik, welche sich nicht in weltliche Melodien einreihen lässt und unendlich schöner ist, als was er je auf Erden gehört hatte.

Er fühlte sich eins mit allem, was war. Er war Mutter und Vater. Er war Bruder und Schwester, Freund und Feind und eine Leichtigkeit ergriff ihn, alle Trauer verschwand aus seinem Herzen. Es ergriff ihn eine liebevolle Wärme und Herzlichkeit für alles Leben um ihn herum. Er konnte nun verstehen ... ! Dieses Verstehen brachte ihn dazu, die Welt völlig verwandelt in Liebe zu sehen.

Die wahrhaftige Liebe

Er war wie in Trance die Stunden durch den Tag gegangen. Nun ging auch dieser Tag zu Ende. Und Indigor nahm die fünfte Mandel aus dem Kästchen. Ihm war, als könnte er ahnen, dass ihm das Fantastischste bevorstand, was er je erlebt hatte. Selbstvergessen aß er die Mandel auf und gab sich seinem Traum hin ... .

Er stand in einem wunderschönen Garten. Um ihn herum blühte alles in voller Pracht, ein herrlicher Duft erfüllte die Luft. Er stand einfach nur da und genoss es. Er war wie benommen und konnte die Gestalt am anderen Ende des Weges erst nur schemenhaft wahrnehmen. Sie war zart und zugleich kraftvoll. Als sie näher kam und er ihr Gesicht klar und deutlich erkennen konnte, begegneten seine Augen den ihren, und er hatte das Gefühl zu fallen. Er hörte ihre Stimme: „Lass es zu! Hab' Vertrauen und du wirst erkennen, dass es nichts gibt außer Liebe, wenn du dich nur bereit fühlst zu empfangen." Indigor gab seinem Verlangen endlich nach und ließ los. Er ließ los von Angst, von allen

Zweifeln und er ließ los von dem Gedanken, festhalten zu müssen, was immer ihm auch wichtig schien. Im Fallen merkte er, wie die Erfüllung nicht darin lag, was er erwartete, sondern in dem, was er bereit war zuzulassen. Der Akt der Liebe, des Sich-Fallen-Lassens war die Erfüllung – nicht der körperliche Akt selbst. Er fühlte sich durchdrungen von ihr. Sein ganzer Körper war Liebe und es war nicht der Höhepunkt, den er herbeisehnte. Sein Körper bebte unter der Kraft der Liebe, und er fand Erfüllung unter ihrem ständigen Wandel, der ihn einfach nur gewähren ließ.

Er war selber Liebe und wusste, sie würde ihn nie wieder verlassen. Eine unendliche Freiheit erfasste ihn, als er erkannte, selbst diese letzte Abhängigkeit hinter sich gelassen zu haben; die Abhängigkeit, sich begnügen zu müssen.

Wieder zu Hause

Indigor erwachte. Er lag zu Hause in seinem Bett. Die Sonne schien hell und warm durchs Fenster. Er setzte sich mit einem Ruck auf, ihm wurde schwindelig, so dass er sich wieder hinlegen musste.

Wie war er hierhergekommen, war das alles nur ein Traum gewesen? Er versuchte seine Gedanken zu ordnen, aber es wollte ihm nicht gelingen.

Da bemerkte er etwas Hartes in seiner Hand, es war das Kästchen. Er öffnete es und drinnen lag noch die sechste, die letzte Mandel. Langsam setzte er sich auf. Er schaute verwundert diese letzte Mandel an. Also war es doch kein Traum gewesen. Aber warum war er nicht mehr in dem Haus? Es war doch noch eine Mandel übrig? „Du hast sie nicht gebraucht. Jeder hat seine ganz eigene Zeit, die er braucht, um es erkennen und fühlen zu können. Es liegt in uns selbst. Wir ganz allein. Jeder von uns selbst bestimmt, wann es so weit ist. Wir können es für einen anderen nicht bestimmen, wir können nur vorleben. Liebe ist immer nur Vorbild. Sie kämpft niemals oder demonstriert Macht, denn sie ist nicht mehr und nicht weniger. Wenn sie zur Macht wird, ist es Angst und nicht Liebe." Indigor hatte erst jetzt bemerkt, dass Antarros im Zimmer war. Er saß auf einem Stuhl, umgeben von tanzenden Sonnenstrahlen. Er selbst schien fast nur aus Licht zu bestehen.

Indigor antwortete: „Ich weiß nun und es ist gut so. Die Menschheit wird ihren Weg finden, denn alles ist der Weg. Oft müssen wir durch die Dunkelheit, um das Licht wieder wahrhaft zu sehen und achten zu können. Denn was immer da ist, erachten wir zu schnell als selbstverständlich und übersehen es daher einfach."

Antarros sagte: „Ich sehe nun, dass du wirklich bereit und reif genug bist für deinen weiteren Lebensweg ohne mich." Er räusperte sich. „Nun sollst du deinen Namen bekommen, der dir vor langer Zeit angedacht war."

Er kam auf Indigor zu, hielt beide Hände schützend über dessen Kopf und sprach: „Ich taufe dich im Namen der unendlichen Liebe auf den Namen Luzifer Antarros. Möge der Weg der Liebe und des Lichtes dich erfüllen und dir die Kraft geben, die Liebe in die Welt zu tragen, auf dass alle Menschen sich daran orientieren können. Denn wir sind alle eins, egal welcher Religion oder welchem Glauben oder Unglauben wir auch angehören mögen. Wir werden erst tatsächliche, allumfassende Liebe erfahren, wenn alle den rechten Weg erkannt haben und gewillt sind, ihn zu gehen. Doch wir können nur Vorbild sein. Geh und trag das Licht hinaus in die Welt. Du bist ein Bote der Liebe. Du hast die Kraft, den Menschen zu zeigen, dass es weder Erwartungen, Angst oder Vergeltung braucht. Wir alle, Menschen dieser Erde, haben uns geirrt. Wir waren behaftet in einem Glauben an Gott, in dessen Namen unsägliche Gräueltaten geschahen und immer noch geschehen. Es ist an der Zeit, dass wir erwachen und erkennen, dass es nicht so ist, wie es scheint. Wir müssen frei werden von einem Glauben, welcher uns glauben macht, dass es richtig wäre, nur an etwas zu glauben, nur weil wir es nicht anders überliefert bekommen haben. Gehen wir in uns und erfahren die tatsächliche Wahrheit in uns selbst. Dass wir jeder den einzig wahren Glauben und das Wissen darum in uns tragen. Den Glauben an Liebe! Er wird uns erkennen lassen, dass wir den Weg des Verzeihens und Verstehens gehen müssen, um uns nicht selbst am meisten zu bestrafen. Es ist an der Zeit zu verzeihen! Vor allem auch uns selbst; denn in jedem Hass liegt die größte Sehnsucht nach Liebe."

Antarros neigte sich zu seinem Sohn, umarmte ihn zum Abschied und verließ das Zimmer, ohne noch einmal zurückzublicken.

Luzifer Antarros blieb zurück und blickte ihm nach, noch lange nachdem Antarros das Zimmer verlassen hatte. Er fühlte sich erfüllt von Liebe, unendlicher Wärme und einer großen inneren Stärke. Und er fühlte, dass er jegliche Angst für immer hinter sich gelassen hatte.

Luzifer Antarros ging den Weg, welchen er vor einigen Tagen schon einmal gegangen war. Allerdings war es da dunkel gewesen. Heute schien die Sonne und zeigte die ganze Pracht des Frühlings. Das Erwachen der Welt zu einem neuen Leben und einem neuen Bewusstsein. Er setzte bewusst seine Schritte und nahm jeden Stein und jede Blume als das war, was sie waren: Ein Teil von einem großen Ganzen, getragen von Liebe.

Nach einiger Zeit erkannte er die Stelle wieder, wo er die Straße verlassen und den Hügel erklommen hatte, auf dem das Haus stand. Nur konnte er weder den Hügel noch das Haus entdecken. Verwundert lief er weiter. Doch so weit er auch lief, er konnte es nicht finden. Er fragte einen Entgegenkommenden, wo denn hier ein Hügel mit einem Haus darauf zu finden sei. Dieser antwortete ihm, dass es hier in der Gegend gar keine Hügel gebe und schon gar keinen mit einem Haus darauf. Luzifer Antarros dankte und ging weiter und im Nachsinnen des eben Gehörten erkannte er, dass es wohl sein eigenes gewähltes Haus gewesen sein musste. Dass er sich selbst innegewohnt hatte, ohne es zu wissen ...

Luzifer Antarros Traum

Er hat das Gefühl zu schweben. Er sieht die Welt von oben und wie im Zeitraffer die Weltgeschichte an sich vorbeiziehen. Er sieht tatsächliche und Glaubensgeschichte, und sie unterscheiden sich dahingehend, dass die Geschichte des Glaubens tatsächlich der Annahme unterliegt, Gutes zu vollbringen, und sie setzt sich auch als solche durch. Und obwohl sie durchzogen ist von Gräueltaten, scheint niemand Argwohn zu nehmen. Denn sie hat einen entscheidenden Vorteil. Sie gibt den Menschen Halt! Sie haben jemanden, an den sie die Verantwortung abgeben können. Dem sie ihr Schicksal, ihre Bürde nachweislich zu verdanken haben. Und trotzdem ist er gut für sie und beschützt sie.

Er fühlt in allen diesen Menschen ein und die gleiche Sehnsucht nach Liebe, doch diese Menschen wissen nicht, dass es bedeutet, Verantwortung für sich selbst zu übernehmen, um Liebe tatsächlich geben und empfangen zu können. Nur das Erkennen und Verzeihen gegenüber anderen und gegenüber sich selbst kann Liebe empfinden lassen.

Er hat das Gefühl, den Schlüssel in der Hand zu halten, mit welchem er das Tor zum Paradies öffnen kann …

Luzifer Antarros Bericht

Ihr müsst verstehen, man bekommt diese Fragen nur beantwortet, wenn man bereit ist, sie mit der Seele aufzunehmen. Denn wie sollte man sie mit dem denkenden Kopf begreifen wollen, wenn sie aus einer Welt kommen, welche körperlos ist. Einer Welt, die somit alle denkenden Fähigkeiten hinter sich lässt. Ihr müsst begreifen, dass man nie mit denkendem Kopf erfahren wird, was hinter den Grenzen unserer Welt vor sich geht. Sondern nur mit der Seele. Und das Gefühl ist das Bindeglied zwischen den Welten. Das Gefühl der Liebe. Je größer unsere Liebe wird, desto mehr Liebe können wir anderen weitergeben, und umso kleiner wird unsere Angst. So wird es uns auch gelingen, dass es immer mehr Menschen geben wird, welche Liebe leben und geben können. Und eines Tages, in ferner Zeit, werden wir die Angst überwunden haben und alles wird Liebe sein ...!

Nachwort

Natürlich gibt es Indigor und Antarros nicht wirklich. Aber in jedem von uns schlummert ein Indigor ebenso wie ein Antarros. Es liegt an uns, den Weg zu wählen. Uns unseren tiefsten Ängsten zu stellen, um in unseren dunkelsten Tiefen das Licht wahrhaft zu sehen.

Wir alle sind unwürdig und zugleich Götter. Wir müssen uns nur auf den Weg machen und unsere Fehler dazu nutzen, aus ihnen zu lernen. Denn wie Antarros sagte: „In dem größten Hass liegt die größte Sehnsucht nach Liebe und wenn wir bereit sind, das zu erkennen und anzunehmen, sind wir auf dem besten Weg, uns der Gottheit in uns anzunähern."

Erst wenn wir uns unserer größten Angst stellen, aus welcher der Hass hervorkommt, können wir erkennen, verstehen und verzeihen und in Liebe wandeln. Erst dann werden wir das Licht in uns selbst wahrhaft wahrnehmen.

Die Namen Indigor, Pavlet und Antarros habe ich frei erfunden. Ich habe erst im Nachhinein geschaut, ob sie eine Bedeutung haben könnten. Das habe ich herausgefunden:

Indigor = etwas für unwürdig halten
Pavlet = kleiner Bruder
Antarros = Freund

Ich weiß nicht, ob es wirklich so ist, aber ich finde diese Bedeutungen passend ...

Luzifer einerseits deswegen, weil es aus dem Lateinischen übersetzt der **LICHTBRINGENDE** bedeutet. Und zum anderen geht es ja gerade um Umwandlung, also auch hier um das Erkennen, denn selbst im Teuflischsten sehen wir nur unser Spiegelbild, unsere Fehler, welche uns darauf hinweisen, etwas ändern zu müssen, die eigene Verantwortung, es annehmen zu wollen ... Indigor ist für mich eine Person, welche sich, während ich die Geschichte schrieb, selbstständig und frei entwickelt hat. Ich hatte lediglich ein vages Gefühl, was mich berührt hat, und ich hatte den Wunsch, es in Worte zu fassen. Ich weiß nicht, ob es mir gelungen ist, aber jedes Mal, wenn ich die Geschichte wieder lese, finde ich Dinge darin, die mir selbst fremd und auf eine gewisse Weise doch so vertraut sind. So als wäre die Geschichte schon vor langer Zeit geschrieben worden.

Aud Tauber

Die Meinung einer Leserin

Deine Geschichte hat mich tief berührt und auch ich hatte ein Gefühl, als ob ich sie kenne, von weit, weit her ...

Sie ist so tröstend und voll von einem Wissen, das sich, so denke ich, nicht auf einmal, sondern in jeder veränderten Lebenssituation neu erschließt.

Es wäre bestimmt für viele Menschen heilsam, deine Geschichte zu lesen.

Ich konnte nicht aufhören zu lesen – die Geschichte führt einen auf eine andere Ebene.

Brigitte Bee

Gedichte

Gedichte

Bejahe das Leben...!

Bejahe das Leben in seiner ganzen Form. Bejahe selbst den Regen und den Sturm. Bejahe das Jahr, in seiner Vergänglichkeit und in seinem Werden. Wir sind das Relief, das unsere Erde schmückt. Wir sind das Schwert, das das Schicksal für die Erde spricht. Unser Geist ist getränkt von Ewigkeit, getränkt vom ew'gen Himmelreich. Wir sind die Wandlung, die Durch unser Erkennen zu uns spricht. Wir sind das Wasser, welches das Feuer lischt. Wir haben die Freiheit im Geist, die uns durch unser eigenes Licht befreit. Liebe die Magie in allem Sein, denn nur Liebe wird uns stets befreien. Liebe selbst den Schmerz, der Dich verschlingt, auch wenn er Dich tief zu Boden zwingt. Am tiefsten Punkt wirst Du ihn überwinden, denn dort wirst Du Dich selber endlich wahrhaft finden. Sieh Dein Licht dort in der dunklen Nacht, hat schnell ein Feuer in Dir nun entfacht. Sieh den Stern am Himmelszelt, sieh er trägt in sich die ganze Welt. Vom Anfang bis zum Ende, trägt er in sich der Erden Wende. So befreit das Licht an unserem dunkelsten Ort uns nun gänzlich und sofort...

Erkenne wer Du wirklich bist

Es beginnt im Herzen, in Deinem tiefsten Sein.
Lass es in Deinen tiefsten Tiefen, unendlich
große Liebe sein.
Erkenne, wer Du wirklich bist, ein Mensch der
ständig wandlungsfähig ist.
Nur um dies auch sein zu können, musst Du
Dich erst schmerzvoll trennen.
Erst wenn Du loslässt, bist Du wirklich frei.
Frei wie ein Vogel kannst Du fliegen, wohin
Dich Deine Sehnsucht trägt.
Kannst Weltenüberschauer sein, kannst nun
erkennen, verstehen und verzeihen.
Der Weltenruf er wird sich wandeln, wir alle sind
Geschichten -Schreiber.
Selbst das, was war, können wir nun wandeln -
wir müssen nur mit Liebe es behandeln
und unsere Welt wird nur noch Liebe sein in
unserem eigenen stetigen Verzeihen.
Gott gab uns die große Gabe, in Liebe selbst
die Welt zu wandeln.
Die Kraft liegt nur in unserem eigenen Handeln
erst wenn Du loslässt , bist Du wirklich frei ...

Der Weg in Euch zu mir

Ich gehe meinen eignen Weg,
Ihr zähmt mich nicht,
Denn ich bin beständig.
Ich gehe meinen eignen Weg,
Ihr erreicht mich nicht,
Denn ich bin in mir.
Ich gehe meinen eignen Weg,
Ihr könnt mir dort begegnen,
Wenn Ihr in Euch selber,
Durch Euch selber, mich erschaut.
Ich gehe meinen eignen Weg,
Doch ich bin mit Euch,
denn ständig nähert sich Euer Weg,
dem Meinigen.
Ich gehe meinen eignen Weg,
Doch Ihr geht mit mir,
denn mein Weg ist der Eurige,
Dort wo Ihr sein werdet,
Wenn Ihr nicht mehr trennt noch urteilt.
Ihr werdet sein ein Teil von mir und ich von Euch.
So wie es immer war.

Der Kern in mir

Wir müssen und finden, wir selbst sind der Kern.
Welcher wächst und gedeiht zum Himmelszenit.
Kein Anderer zeigt mir den Weg, nur ich selbst
kann ihn finden und gehen.
Wie weit er auch ist und die Füße mich tragen,
ich weiß nicht sein Ende abzusehen. Noch kann
ich ermessen ob gut oder böse, ich kann nur
versuchen es zu verstehen.
Im Reinen und Guten meiner Gedanken zu
tragen, es immer weiter voran.
Bis eines Tages in ferner Zukunft, ich wirklich
sicher es sagen kann.

Aus eigener Kraft

Ich bin der mir die Welt erschafft, ich tue es aus
eigener Kraft.
Ich bin mir selbst der Schöpfergeist, der in mir
selbst zum Schöpfer reift.
Kann Weltenüberschauer sein, kann nun
verstehen und verzeihen.
Kann nun durch Mitgefühl es wandeln, kann nun
aus Liebe heraus handeln.
Und meine Welt wird nur noch Liebe sein, in
stetigem Erkennen, Verstehen und Verzeihen.

Geh Deinen Weg...

Geh Deinen Weg ohne eine Seite zu wählen,
gehe ihn mit Bedacht doch ohne Angst. Geh,
folge Deinem Herzen, verankert im Bewusstsein
Deines Seins. Wissend, dass nur Du allein
der Meister Deines Lebens, dass Dein
Denken, Fühlen, Handeln es erreicht, dass gute
Frucht Dein Leben für Dich bringt. Geh und
folge dem Empfinden, welches Dir Erfüllung
bringt, auch wenn es durch hohe Berge erst
oft abschreckend Dir dünkt. Erst auf dem
Bergesgipfel, stehst Du staunend freudig nun
vor dem, was Du einst Dir sehnlichst wünschtest
... Und so schnell ist's nun geschehen.

Schmerz der Welt

Ich breite meine Flügel aus und enthebe mich
dem Schmerz der Welt.
Denn ich weiß, er ist nur für den Moment der
Zeit; weiß, er reicht nicht für die Ewigkeit.
Nur unsere Trennung gibt ihm Raum, nur Angst
lässt ihn leben.
Könnten wir ihm ewig Liebe geben, er löste sich
auf in Raum und Zeit,
Wäre nur mehr ein Stück Ewigkeit.
Ich breite meine Flügel aus und fliege in die
Ewigkeit.
Bin Teil von ihr - doch auch von Zeit.
Verbinde ew'ge Zeiten- reich nun mit dem Reich
der Ewigkeit und Raum und Zeit wird Ewigkeit.
Des Zeiten-Reich aus Angst und Schmerz und
Trennung ist nun
nur mehr Vergangenheit und übrig bleibt das
reine Leben.
Ich breite meine Flügel aus, möchte nur noch
fliegen, bin kein Teil mehr
nicht mal von der Ewigkeit,
bin ewig nur noch Liebe.

Dunkle Emotion

In der Tiefe Deiner dunkelsten Emotion
entdeckst Du fürwahr das hellste Licht.
Weil diese Deine dunkelste Emotion auch
gleichzeitig immer Deine ehrlichste ist.
Hier kannst Du erkennen Dein friedlichstes und
Dein Dich liebendes Licht ...
Weil diese Emotion die offenste und gleichzeitig
klärendste ist.
Frei vom Ego, ungebunden von jeder Norm,
erlebst Du hier Deines Lebens Zorn...
Begegnest der Angst mit Unbehagen,
entfesselst mit ihr einen ringenden Sturm.
Nur wer der Dunkelheit begegnet, kann auch die
tiefste Liebe schauen.
Denn sie kennt nicht Trennung von Licht und
Schattenspiel.

Das größte Gefühl

Hab ein Gefühl, kann's nicht in Worte fassen,
möcht ich's aufschreiben - will's mich verlassen.
Mich kann keiner hindern, denn ich kann's nicht
lassen, ich muss versuchen
es in Worte zu fassen.
Es ist ein Gefühl, was verbindet Angst und
Neid und Hass.
Im Schmerz verwandelt's sich in Liebe. Es
öffnet Tür und Tor zu neuen Welten,
ein Schmerz aus großer Wärme, Aufhebung
aller Gesetze.
Hass wird zu Liebe und Trauer zu Freude.
Ein Gefühl, was alle Gefühle vereint.
Zu einem einzigen - aus dem alle entspringen.
Wenn ich nicht aufhöre, es zuzulassen - vielleicht
wird mich dann
Angst und Neid und Hass
verlassen.

Aud Tauber

Geboren 1970 in Frankfurt am Main.

Ich hatte eine von vielen Tiefen durchzogene Kindheit. Erst vor ca. 4 Jahren wurde ich durch ein prägendes Erlebnis aus meiner Ohnmacht und somit aus meiner bisherigen Opferrolle gerissen. Ich konnte nun erkennen, verstehen, verzeihen und endlich lösen, was mich bis dahin belastet und daran gehindert hatte, wirklich ich selbst zu sein.
Ich begann aufzuschreiben, was mich erreicht, berührt und bewegt hatte diesen neuen Weg der Selbst-Gestaltung meines Lebens einzuschlagen.

Ich halte Normen für eine krankhafte Einschränkung, vor allem in Bereichen der Kreativität. Deshalb schreibe ich auch in meiner ganz eigenen Sprache. Denn was ist schon richtig und falsch, gut und böse, häßlich und schön. Erst unsere Bewertung gibt den Raum dafür, was es letztendlich für jeden Einzelnen von uns ist. Es liegt doch immer im Auge des Betrachters. Warum sollten wir uns also vorschreiben lassen, wie gelungene Kreativität, in dem Falle Literatur, auszusehen hat.

Ich möchte mit meinen Geschichten und Gedichten erreichen, berühren, verbinden und bewegen. Ich durfte lernen, dass es darauf ankommt, worauf wir den Fokus richten. Darum richte ich in meinen Schreibereien den Fokus auf das Positive, das Einfache, das Natürliche.
Und weil ich es anders nicht besser sagen kann:

Hat dir das Buch gefallen?

Haben dir meine Geschichte und Gedichte gefallen? Dann hilf mir doch, mein Buch bekannter zu machen. Am liebsten jetzt sofort, bevor du es endgültig aus der Hand legst. Empfehle das Buch guten Freunden, schreib eine positive Bewertung im Shop von Verlag 3.0 und/oder dort, wo du es gekauft hast.

Berichte darüber bei facebook, Xing, Twitter und Co., verfassen eine Rezension für einen Blog oder eine Zeitung, gerne mit Hinweis auf die Buchbeschreibung der Verlagshomepage und/oder die Webseite des Gesamtwerkes

http://buch-ist-mehr.de/eine-reise-zum-Licht

Dieser QR-Code, der auch auf der Buchrückseite zu finden ist, führt direkt auf mein Autorenprofil bei Verlag 3.0, mit aktuellen Informationen über meine Person, Neuerscheinungen und aktuelle Termine.

Ich danke dir, dass du mein Buch gelesen hast.

Aud Tauber